BULLETIN OFFICIEL

DE

L'ILE DE LA RÉUNION.

(N° 34.)

SEPTEMBRE 1862.

N° 1229. — *CIRCULAIRE ministérielle relative au pavillon de reconnaissance à arborer sur les navires de commerce français à l'entrée et à la sortie des ports, (2e Direction : Personnel — 2e Bureau : Inscription maritime, Équipages de la flotte et Justice maritime).*

Paris, le 15 Novembre 1861.

Messieurs, il m'a été représenté qu'il serait utile pour le commerce d'obliger les navires français à arborer, à l'entrée et à la sortie des ports, et surtout de ceux qui sont situés à l'embouchure de nos grands fleuves, un pavillon de reconnaissance indiquant le nom et le numéro de ces navires. L'arrivée et le départ pourraient ainsi être signalés plus tôt aux personnes intéressées. On m'a proposé en même temps de charger les pilotes d'assurer l'exécution de cette mesure, en les astreignant à avertir le capitaine de tout bâtiment sur lequel ils montent pour le faire entrer ou sortir, qu'il est tenu de hisser immédiatement le pavillon indiqué ci-dessus et de le conserver jusqu'à ce que le navire ait atteint soit la pleine mer, soit l'intérieur du port.

Ces dispositions m'ont paru bonnes, et je vous invite, en conséquence, à donner les ordres nécessaires pour qu'elles soient appliquées dans l'étendue de vos circonscriptions maritimes respectives. Vous voudrez bien également les porter à la connaissance du commerce et des capitaines. Je ne doute pas que ces derniers n'y prêtent facilement leur concours. Vous auriez d'ailleurs à les prévenir, au besoin, que tout refus de leur part constituerait le délit de « désobéissance à un ordre relatif à la police de la navigation » prévu et puni par l'article 85 du décret-loi du 24 mars 1852.

Recevez, etc.

Le Ministre Secrétaire d'Etat
de la Marine et des colonies,
Comte P. DE CHASSELOUP-LAUBAT.

N° 1230. — ***CIRCULAIRE*** *ministérielle relative à l'application du décret-loi du 24 mars 1852.* — ***Peines disciplinaires.*** — *Les marins doivent être* ***admis à présenter*** *leur justification.* — *Apostilles* ***à consigner*** *sur le livre de punitions.* (Page 353 du Bulletin officiel de la Marine de 1862.)

Paris, le 7 Avril 1862.

Messieurs,

Il arrive fréquemment que des marins du commerce sont condamnés, en cours de voyage, sur la plainte de leurs capitaines, soit à une retenue de solde, soit à la prison, la boucle ou le cachot, avec obligation de payer les frais de leur remplacement à bord.

L'exécution de ces peines disciplinaires donne quelquefois lieu, lors du désarmement du navire, à de très-vives réclamations de la part des marins contre lesquels elles ont été prononcées. Ils se plaignent d'avoir été punis sans avoir été admis à se défendre ; et il en est même qui ont pu établir, par le témoignage de leurs capitaines, qu'ils ne devaient pas les frais de remplacement qu'on prélevait sur leurs salaires, attendu qu'ils n'avaient pas été remplacés.

Afin, Messieurs, de mettre un terme à toute réclamation de ce genre, je vous invite à ne jamais infliger désormais à un marin du commerce l'une des peines applicables aux fautes de discipline énumérées dans l'article 52 du décret-loi du 24 mars 1852, sans entendre la justification qu'il pourrait avoir à présenter. Il sera expressément fait mention de l'accomplissement de cette formalité sur le livre de punitions.

Vous aurez également soin de mentionner sur ce document que le marin condamné à la prison, à la boucle ou au cachot, *a été remplacé* à bord, afin qu'il ne puisse protester, au désarmement, contre l'application de l'article 59, qui met les frais de remplacement à la charge de l'homme ainsi distrait de son service.

Recevez, etc.

Le Ministre Secrétaire d'État de la Marine et des colonies,

Comte P. DE CHASSELOUP-LAUBAT.

N° 1231. — *DÉPÊCHE ministérielle concernant la transmission d'un mémoire relatif à l'introduction de laboureurs et de l'usage de la charrue à la Réunion.*

Paris, le 11 Août 1862.

Monsieur le Gouverneur,

M. Léonce Potier, propriétaire à Saint-Denis (Réunion), m'a adressé un mémoire dans lequel sont signalées des observations sur l'utilité qu'il y aurait à répandre dans la Colonie l'emploi de la charrue et à y favoriser l'introduction de bons laboureurs.

J'ai l'honneur de vous remettre, ci-joint, ce mémoire, en signalant à votre attention l'intérêt qu'il peut avoir pour le développement agricole de la Colonie. Vous voudrez bien, à ce point de vue, examiner la suite qu'il comporte et informer d'ailleurs M. Potier du présent renvoi.

Recevez, Monsieur le Gouverneur, l'assurance de ma considération très distinguée.

Le Ministre de la Marine et des colonies,

Pour le Ministre et par son ordre :

Le Directeur des colonies,

CH. ZOEPFFEL.

N° 1232. — Par arrêté du Gouverneur, en date du 24 avril 1862, la commune de Sainte-Suzanne a été autorisée à acquérir une maison affectée à l'agrandissement de l'ouvroir du chef-lieu, moyennant la somme de 2,000 francs.

N° 1233. — Par arrêté du Gouverneur, en date du 1er septembre 1862, une indemnité de douze cents francs par an est allouée au Directeur de l'hôpital colonial, à titre de frais de logement, à compter du 1er avril 1862.

N° 1234. — Par arrêté du Gouverneur, en date du 1er septembre 1862, il sera payé à M. Guillermin, à titre de solde de traversée, à compter du 17 avril 1862 jusqu'au 30 juillet suivant, veille de son installation au bureau de la conservation de Saint-Pierre, une allocation calculée sur le pied de mille sept cent cinquante francs, formant le montant de la solde d'Europe touchée par ce fonctionnaire en qualité d'ancien receveur d'enregistrement à la Martinique, et liquidée en France jusqu'à la date du 16 avril inclusivement.

N° 1235. — *ARRÊTÉ concernant le débarquement des animaux venant de l'extérieur.*

Du 1er Septembre 1862.

NOUS GOUVERNEUR DE L'ILE DE LA RÉUNION,

Vu l'article 9 du sénatus-consulte du 3 mai 1854;

Sur le rapport de l'Ordonnateur et du Directeur de l'intérieur,

Le Conseil privé entendu,

AVONS ARRÊTÉ ET ARRÊTONS:

Art. 1er. Les capitaines des bâtiments venant de l'extérieur, qui mouilleront à Saint-Denis, Saint-Paul et Saint-Pierre, et qui auront à bord des animaux destinés à la consommation ou tous autres, ne pourront les mettre à terre qu'après la visite du vétérinaire du Gouvernement.

2. Ce débarquement ne sera autorisé par la Douane et le Service des Ports que sur le vu du certificat délivré par le dit vétérinaire constatant le nombre d'animaux visités et le nombre de ceux qui peuvent être introduits.

3. Tout porc ladre sera, à bord du navire, marqué par les soins du vétérinaire du Gouvernement; celui-ci donnera immédiatement avis du nombre d'animaux atteints de cette maladie à la Police qui les fera jeter à la mer.

4. Tout individu qui aura débité un porc ladre ou en aura exposé la viande en vente, sera puni conformément à l'article 483, § 11, du Code pénal.

5. Toute contravention aux dispositions du présent arrêté sera punie de la même peine.

6. L'Ordonnateur, le Directeur de l'intérieur et le Procureur général sont chargés, chacun en ce qui le concerne, de l'exécution du présent arrêté, qui sera publié et inséré au *Bulletin officiel* de la Colonie.

Saint-Denis, le 1er septembre 1862.

Baron DARRICAU.

Par le Gouverneur :

L'Ordonnateur,

DESMAZES.

Le Directeur de l'Intérieur,

CH. DE LAGRANGE.

Vu pour l'enregistrement à la Cour :

Le Procureur Général,

JUSTIN BERET.

Enregistré à la Cour Impériale le 12 septembre 1862.

N° 1236. — *ARRÊTÉ qui fixe le prix de cession des contrats d'engagement des immigrants Indiens introduits dans la Colonie à la somme de 300 francs, tous frais compris.*

Du 1er Septembre 1862.

NOUS GOUVERNEUR DE L'ILE DE LA RÉUNION,

Vu l'art. 9 du sénatus-consulte du 3 mai 1854;

Vu notre arrêté du 20 juin 1862 qui a fixé à 350 francs le prix de cession des contrats d'immigrants;

Attendu qu'il est possible aujourd'hui de diminuer le prix de cette cession;

Sur le rapport du Directeur de l'intérieur,

Le Conseil privé entendu,

AVONS ARRÊTÉ ET ARRÊTONS :

Art. 1er. Le prix de cession des contrats d'engagement des immigrants Indiens introduits dans la Colonie est fixé à partir de ce jour et jusqu'à nouvel ordre à trois cents francs, tous frais compris.

2. Le Directeur de l'intérieur est chargé de l'exécution du présent arrêté, qui sera publié et inséré au *Bulletin officiel* de la Colonie.

Saint-Denis, le 1er septembre 1862.

Baron **DARRICAU.**

Par le Gouverneur :

Le Directeur de l'Intérieur,

CH. DE LAGRANGE.

N° 1237. — *ARRÊTÉ qui accorde à la commune de Saint-Leu un permis d'établir sur un terrain dépendant des pas géométriques situé sur la rive gauche du grand Etang.*

Du 3 Septembre 1862.

NOUS GOUVERNEUR DE L'ILE DE LA RÉUNION,

Vu le décret du 5 août 1859 ;

Vu la demande formée le 14 novembre 1861, par le Maire de Saint-Leu, au nom de la Commune, et ayant pour objet d'obtenir la concession d'un permis d'établir sur une portion des pas géométriques avoisinant le grand Étang destiné à l'établissement d'un lavoir public et à la construction d'un quai;

Sur le rapport du Directeur de l'intérieur,

AVONS ACCORDÉ ET ACCORDONS

A la Commune de Saint-Leu un permis d'établir sur un terrain dépendant des pas géométriques situé sur la rive gauche du grand Etang.

Ce terrain, d'une contenance de deux hectares, est borné au Nord par l'embouchure de la ravine du grand Étang, à l'Est par la route Impériale, les emplacements de mademoiselle Joséphine, de MM. Benjamin et Montfleury, Opifer, le bazar, l'emplacement de la dame veuve Noël, au Sud par l'emplacement Barquisseau, celui des Frères des Écoles chrétiennes, et le prolongement des pas géométriques, à l'Ouest par la mer.

Le présent permis d'établir est accordé moyennant une redevance annuelle de deux cents francs, réglée administrativement à raison du caractère d'utilité publique résultant de l'affectation du terrain.

Il est expressément stipulé:

1° Que la contenance du terrain n'est nullement garantie. La commune ne pourra dès lors, en cas de contestation, exercer aucun recours contre l'Administration, qui se réserve tous ses droits à une délimitation plus avantageuse s'il y a lieu;

2° Que la redevance exigible à compter de ce jour, devra être payée d'avance et en un seul terme chaque année;

3° Que la Commune demeure assujettie à toutes les conditions imposées par le décret du 5 août 1839 aux concessionnaires de permis d'établir, notamment par les articles 10 et 15.

Le Directeur de l'intérieur est chargé de l'exécution du présent arrêté qui sera enregistré partout où besoin sera.

Saint-Denis, le 3 septembre 1862.

Baron DARRICAU.

Par le Gouverneur:

Le Directeur de l'Intérieur,

CH. DE LAGRANGE.

N° 1238. — *ARRÊTÉ qui alloue un supplément de solde de travail aux artilleurs conducteurs des transports de l'artillerie.*

Du 10 Septembre 1862.

NOUS GOUVERNEUR DE L'ILE DE LA RÉUNION,

Vu l'arrêté du 27 décembre 1859, relatif aux transports de la direction d'artillerie à Saint-Denis;

Vu le travail exceptionnel à exécuter pour les charrois de terre qui se font d'une manière permanente de la Redoute à la batterie de l'Arsenal, distance de 1,800 à 2,000 mètres à parcourir seize fois par jour, et pour le transport des vivres de la Compagnie indigène d'ouvriers du Génie au Butor, trajet de 6 kilomètres aller et retour, à parcourir une fois par jour;

Attendu que ce service impose aux artilleurs conducteurs des voitures, en usure de chaussure et d'effets de travail, des charges dont il convient de les couvrir;

A la demande de M. le Directeur d'artillerie et sur le rapport de l'Ordonnateur,

AVONS ARRÊTÉ ET ARRÊTONS ce qui suit :

Art. 1er. Un supplément de *cinq centimes* par kilomètre est alloué à chacun des militaires de l'artillerie employés comme conducteurs de voitures aux charrois de terre de la Redoute à la batterie de l'Arsenal et au transport des vivres destinés à la Compagnie indigène d'ouvriers du Génie au Butor.

2. Cette allocation est à la charge des services pour lesquels sont exécutés les transports.

Décomptée à dater de ce jour, elle sera acquittée par mois, en même temps que la solde de travail, sur états de la Direction d'artillerie reconnus par les services appelés à la payer.

3. L'Ordonnateur est chargé de l'exécution du

présent arrêté, qui sera enregistré partout où besoin sera et inséré au *Bulletin officiel* de la Colonie.

Fait à Saint-Denis, le 10 septembre 1862.

Baron DARRICAU.

Par le Gouverneur:

L'Ordonnateur,

DESMAZES.

N° 1239. — *ARRÊTÉ qui rapporte les arrêtés des 25 février et 1er juillet 1862, relatifs aux mesures sanitaires exceptionnelles prises à l'occasion de l'épidémie de choléra à Maurice.*

Du 11 Septembre 1862.

NOUS GOUVERNEUR DE L'ILE DE LA RÉUNION,

Vu les dernières nouvelles reçues de Maurice, annonçant l'extinction de l'épidémie de choléra qui régnait dans cette île;

Vu la délibération, en date de ce jour, du Conseil de santé, portant qu'en raison de cette situation il y a lieu de rapporter les mesures sanitaires qui avaient été prises contre les provenances de Maurice, de Madagascar et de la Côte d'Afrique;

Sur le rapport de l'Ordonnateur,

AVONS ARRÊTÉ ET ARRÊTONS ce qui suit:

Article unique.

Notre arrêté du 25 février 1862, portant prescription de dispositions sanitaires préventives contre les provenances de Maurice, en raison de l'épidémie de choléra-morbus qui régnait dans cette colonie, et celui du 1er juillet suivant, prescrivant des dispositions semblables contre les provenances de Madagascar, cessent tous effets à dater de ce jour.

L'Ordonnateur, le Directeur de l'intérieur et le Procureur général sont chargés, chacun en ce qui le concerne, de l'exécution du présent arrêté, qui sera enregistré partout où besoin sera et inséré au *Journal officiel* et au *Bulletin officiel* de la Colonie.

Fait à Saint-Denis, le 11 septembre 1862.

Pour le Gouverneur empêché :

L'Ordonnateur,

DESMAZES.

Par le Gouverneur :

L'Ordonnateur,

DESMAZES.

N° 1240. — *ARRÊTÉ qui autorise la Société Coloniale d'Acclimatation fondée à Saint-Denis, à se constituer conformément aux statuts ci-après.*

Du 18 Septembre 1862.

NOUS GOUVERNEUR DE L'ILE DE LA RÉUNION,

Vu l'article 9 du sénatus-consulte du 3 mai 1854 ;

Vu la demande de M. Berg, délégué de la Société Impériale d'Acclimatation de France ;

Sur le rapport du Directeur de l'intérieur,

AVONS ARRÊTÉ ET ARRÊTONS :

Art. 1er. La Société Coloniale d'Acclimatation fondée à Saint-Denis est autorisée à se constituer, conformément aux statuts ci-annexés.

2. Le Directeur de l'intérieur est chargé de l'exécution du présent arrêté, qui sera publié et déposé au Contrôle colonial.

Saint-Denis, le 18 septembre 1862.

Baron DARRICAU.

Par le Gouverneur :

Le Directeur de l'Intérieur,

CH. DE LAGRANGE.

Statuts constitutifs de la Société Coloniale d'Acclimatation de l'Ile de la Réunion.

Art. 1er. La Société a pour but :

1° L'introduction, l'acclimatation, et la domestication des espèces d'animaux et la naturalisation des végétaux utiles ;

2° Le perfectionnement et la multiplication des races nouvelles introduites ou domestiquées.

2. Le siége de la Société est établi à Saint-Denis.

3. Le nombre des membres de la Société est illimité.

4. La Société est administrée gratuitement par un Conseil qui prend le titre de : *Comité colonial d'acclimatation de l'île de la Réunion.*

5. Ce comité se compose de 12 membres : un président, un vice-président, deux secrétaires, un trésorier, sept membres ; le nombre pourra au besoin être ultérieurement augmenté.

6. Il est chargé de la correspondance avec la Société centrale de Paris, le Jardin Zoologique du Bois de Boulogne et le Comité de Melbourne affilié à la Société française, et de la correspondance avec toutes personnes pour ce qui concerne les travaux et les affaires de la Société.

Il est en outre chargé de la répartition des animaux dont dispose la Société, mais sur lesquels ladite Société conservera les droits de propriétaire.

7. Le comité ne confie des animaux qu'à ceux des membres de la Société qui en témoignent le désir. Il est juge en tout ce qui touche à cette répartition.

8. Aucune demande d'animaux, plantes, ou graines, adressée par une personne étrangère à la Société ne sera inscrite et examinée si elle n'a été présentée par un membre du comité.

9. Les membres auxquels sont confiés les animaux appartenant à la Société s'engagent à pourvoir à leur entretien.

10. Les frais de séjour, de transport ou de voyage des animaux confiés à un membre sont à la charge de ce membre à partir du moment où la Société déclare les lui confier, et où, de son côté, il déclare, par écrit, les accepter.

11. En cas de multiplication des animaux confiés à un membre, ce membre en informe sur-le-champ le comité.

12. Quand le comité jugera que la reproduction d'une espèce est assurée, il pourra en remettre un ou plusieurs individus à divers membres de la Société.

13. En cas de mort d'un animal confié à un membre, ce membre en informe sur-le-champ le comité.

14. Pourront être vendus, au bénéfice de la Société, après délibération du comité, les animaux excédant un nombre déterminé.

15. Quand il le juge convenable, le comité nomme des délégués dans chaque quartier pour visiter les animaux confiés aux divers membres de la Société, et faire sur leur compte un rapport détaillé.

16. Ces délégués sont pris parmi les membres de la Société.

17. En cas de difficulté soulevée par les détails de l'élevage des animaux appartenant à la Société, le comité juge en dernier ressort.

18. Le comité tient ses séances à Saint-Denis. La présence du Président ou du Vice-Président assisté d'un secrétaire, suffit pour constituer le comité.

19. Chaque membre paie une cotisation annuelle qui sera ultérieurement fixée et qui ne pourra dépasser vingt-cinq francs.

20. Cette cotisation sera versée entre les mains du Trésorier qui délivrera un reçu.

21. Une séance générale a lieu une fois par an, à l'époque des Courses. Dans cette séance générale, le compte détaillé des recettes et dé-

penses de l'année sera soumis à l'approbation de la Société. Le Président rendra compte de sa gestion et le Secrétaire lira un rapport sur la situation générale.

22. Le Président, le Vice-Président, le Secrétaire et le Trésorier seront élus à la majorité des suffrages et pris parmi les 12 membres du comité.

N° 1241. — *ARRÊTÉ qui déclare divers concessionnaires définitivement propriétaires à la Plaine des Palmistes.*

Du 22 Septembre 1862.

NOUS GOUVERNEUR DE L'ILE DE LA RÉUNION,

Vu les articles 20 et 21 de l'arrêté du 4 novembre 1851, sur la colonisation des deux plaines des Palmistes et des Cafres ;

Vu les titres provisoires délivrés aux concessionnaires ci-après dénommés qui ont obtenu des lots à la Plaine des Palmistes ;

Vu les procès-verbaux d'enquête ci-annexés, constatant que les dits concessionnaires se sont conformés aux prescriptions de l'article 21 de l'arrêté du 4 novembre 1851, et qu'ils réunissent toutes les conditions exigées pour obtenir un titre définitif de concession ;

Sur la proposition du Directeur de l'intérieur,

AVONS ARRÊTÉ ET ARRÊTONS :

Art. 1er. Sont définitivement déclarés propriétaires à la Plaine des Palmistes, à compter de ce jour, savoir :

	NUMÉROS	
Dans la 3e catégorie.	De l'ancien plan	Du plan rectifié.
Bénard (Eugène).......	12	9
Id. Id..........	11	10
Boyer (Montrose)......		37
Dans la 4e catégorie.		
Boyer Furcy et Louis....	»	87
Boyer Silvert et Thérence Jean-Denis..........	»	88
Collet Pierre..........	42	64
Gauvin Marchand.......	35	53
Gauvin frères (subdivision du n° 10 de 2e catégorie)	»	58
Lebon Champvert père et fils.................	57	89
Maillot Toussaint.......	33	51
Olive Evrard..........	27	45
Técher Barthélemy et Jouvente Jean..........	58	90
Marcel Charles.........	»	42
Hoarcau Charles-Hippolyte (subdivision du n° 47, 3e catégorie).....	»	84
Dans la 5e catégorie.		
Beaujour Pierre........	115	170
Boyer Silvert et Alexis...	»	158
Chassériau Jules........	9	9
Caunes Honoré.........	53	77
Cadet Siméon (subdivision du n° 10 de 2e catégorie.	»	100
Clavery...............	117	172
Delmas Louis..........	18	20
Dumas Mathieu........	52	76

	NUMÉROS	
	De l'ancien plan	Du plan rectifié.
Eloma Anaïs (subdivision du n° 6 de 2e catégorie.	»	40
Evan Joseph...........	32	51
Ecerbe Maconde........	116	171
Frachon Antoine.......	71	97
Hoareau Henri.........	76	105
Hoareau Joseph-Marcelin.	»	157
Houdié Abraham.......	96	138
Lacrange Pierre........	50	74
Leclos Arthur..........	84	118
Id. Id...........	83	117
Léride Charles.........	93	127
Laboucherie Jean-Marie et Marie-Marthe Joseph..	128	190
Marienne Joseph........	40	59
Padre Jean-Louis-Rosely.	97	139
Id. Id...........	98	140
Payet Symphorien (subdivision du n° 6 de 2e catégorie).............	»	38
Vélia Elie (subdivision du n° 10 de 2e catégorie)..	»	98
Adeler................	101	143
Médard Vital..........	29	29
Azénor Eugénie........	62	88
Boyer François Montausy.	22	36
Bègue Charles et Derbès Louis..............	100	142
Favoulet Pierre-Adrien et Pinot Gabriel........	79	108
Hoareau Charles-Hyppolyte (subdivision du n° 47 3e catégorie.......	»	154
Dame Ignace Fanellie....	20	28

2. Le Directeur de l'intérieur est chargé de

l'exécution du présent arrêté qui sera enregistré partout où besoin sera.

Saint-Denis, le 22 septembre 1862.

Baron DARRICAU.

Par le Gouverneur :

Le Directeur de l'Intérieur,

CH. DE LAGRANGE.

N° 1242. — Par arrêté du Gouverneur, en date du 27 septembre 1862, une commission composée de :

M. Echernier, chef du service de l'Enregistrement, président,

Un sous-commissaire de la Marine,

Et M. Azéma, sous-chef de bureau à la Direction de l'intérieur, est chargée d'examiner le travail manuscrit des tables du *Bulletin officiel* de la Colonie pour 1861.

N° 1243. — Par arrêté du Gouverneur, en date du 28 septembre 1862,

Une brigade de gendarmerie sera casernée, à compter du 1er octobre suivant, au bras du Ponteau, lieu dit le Tampon. Elle jouira de l'indemnité permanente de déplacement.

N° 1244. — *ARRÊTÉ qui accorde des allocations à diverses communes de la Colonie à titre de secours à l'instruction primaire.*

Du 29 Septembre 1862.

NOUS GOUVERNEUR DE L'ILE DE LA RÉUNION,

Vu le budget du Service local pour 1862 ;

Vu le rapport de l'Inspecteur de l'instruction publique en date du 21 septembre courant;

Considérant qu'il y a lieu de procéder à la répartition et à l'emploi des fonds portés au budget, tant pour secours à l'instruction publique que pour la création d'ouvroirs dans les communes;

Sur le rapport du Directeur de l'intérieur,

Le Conseil privé entendu,

AVONS ARRÊTÉ ET ARRÊTONS :

Art. 1er. Il est alloué à titre de secours pour l'instruction primaire aux communes ci-après désignées, savoir :

Saint-Paul, à M. Jouvancourt Hoareau, instituteur primaire au Bois-de-Nèfles........ 600f

Saint-Leu, à Mlle Guffé, institutrice primaire aux Trois-Bassins........... 600

Saint-Pierre, à M. François Smith, instituteur primaire aux Grands-Bois..... 600

Saint-Louis, à M. Vatel, instituteur primaire aux Avirons................. 600

Saint-Benoit, à M. Aristide Bègue, instituteur à la Plaine des Palmistes...... 200

Saint-Benoit, à M. Labbey, instituteur primaire au Bras-Panon.............. 600

Saint-Benoit, à Mme Labbey, institutrice primaire au Bras-Panon......... 600

Salazie, à Mme Lefebvre Chantereine, institutrice primaire au Village........ 900

Sainte-Marie, à M. Henri-François Panon, instituteur primaire à la Rivière-des-Pluies......................... 400

Total...... 5,100f

Cette dépense sera imputée sur le crédit de 6,000 francs inscrit au budget du Service local: Chapitre IV, article 12: secours à l'instruction publique.

2. Il est alloué aux communes ci-après désignées, à titre de secours pour les ouvroirs :

Saint-Denis:	maison des Orphelines....	5,000f
Dito	secours aux deux salles d'asile..................	1,200
Saint-André:	ouvroir du Champ-Borne.	2,000
Saint-Benoit:	ouvroir du chef-lieu....	2,000
Saint-Louis:	dito dito.......	3,000
Saint-Leu:	dito dito.......	3,000
	Total.........	16,200

Cette dépense sera imputée sur le crédit de 20,000 francs inscrit au budget: Chapitre IV, article 12 : secours pour la création d'ouvroirs.

3. Le Directeur de l'intérieur est chargé de l'exécution du présent arrêté, qui sera publié et inséré au *Bulletin officiel* de la Colonie.

Saint-Denis, le 29 septembre 1862.

Baron DARRICAU.

Par le Gouverneur :

Le Directeur de l'Intérieur,
CH. DE LAGRANGE.

N° 1243. — *ARRÊTÉ qui fixe à 40,000 francs la part contributive annuelle à la charge des communes de la Colonie, pour l'entretien des vieillards et infirmes à l'hospice de la Providence de Saint-Denis.*

Du 29 Septembre 1862.

NOUS GOUVERNEUR DE L'ILE DE LA RÉUNION,

Vu l'article 9 du sénatus-consulte du 3 mai 1854 ;

Vu les arrêtés locaux des 28 août 1806, 12 mai 1816, 17 avril 1819, 2 décembre 1833, 22 octobre 1851, 31 décembre 1855, et 19 novembre 1861, concernant l'administration du Bureau de Bienfaisance ;

Vu le décret du 27 avril 1848, qui prescrit dans les colonies l'installation d'hospices et de salles d'asile pour les vieillards, les infirmes, les orphelins et les malades indigents ;

Vu l'arrêté du 27 juin 1849, qui classe dans les dépenses communales obligatoires les dépenses relatives à cette assistance ;

Vu l'arrêté du 20 octobre 1858, portant création à Saint-Denis d'un hospice central à l'établissement de la Providence ;

Vu l'arrêté du 30 octobre 1861, qui modifie la perception et le tarif des droits d'octroi municipaux ;

Vu l'arrêté du 18 juin 1861, qui fixe la quotité des remises allouées au service des Douanes pour la perception des droits d'octroi ;

Attendu qu'il est de principe que chaque commune doit contribuer à l'entretien de ses pauvres;

Attendu que la distribution des secours à donner aux vieillards, infirmes et orphelins, se trouvant centralisée à l'hospice de la Providence de Saint-Denis, cette assistance collective doit être l'objet, de la part des communes, d'une contribution également collective et proportionnelle ;

Attendu que les ressources du Bureau de Bienfaisance sont devenues insuffisantes pour faire face aux dépenses d'entretien de l'hospice de la Providence ;

Sur le rapport du Directeur de l'intérieur,

Le Conseil privé préalablement entendu,

AVONS ARRÊTÉ ET ARRÊTONS :

Art. 1er. La part contributive annuelle, à la charge des communes de la Colonie, pour l'entretien des vieillards et infirmes à l'hospice de la Providence à Saint-Denis, est fixée à quarante mille francs.

2. Cette dépense sera acquittée au moyen d'un prélèvement à opérer, chaque trimestre, sur les produits de l'octroi municipal, d'après les mêmes bases et dans les mêmes proportions que celles adoptées pour la répartition qui est faite à chaque commune du produit de ces droits d'octroi.

3. Le montant de ce prélèvement sera versé à l'administration du Bureau de Bienfaisance, chargée de pourvoir à l'entretien de l'hospice de la Providence.

4. La remise allouée au service des Douanes sur le produit brut des droits d'octroi, et fixée à 7 °/° par l'article 1er de l'arrêté du 18 juin 1861, est et demeure réduite à 5 °/₀. Un règlement du Directeur de l'intérieur, approuvé par nous, déterminera la répartition de cette remise entre les divers agents du service des Douanes.

5. Les dispositions qui précèdent recevront leur effet à partir du 1er octobre prochain.

6. Le Directeur de l'intérieur est chargé de l'exécution du présent arrêté, qui sera enregistré, publié et inséré au *Bulletin officiel* de la Colonie.

Saint-Denis, le 29 septembre 1862.

Baron DARRICAU.

Par le Gouverneur :

Le Directeur de l'Intérieur,

CH. DE LAGRANGE.

Enregistré à la Cour Impériale le 28 novembre 1862.

N° 1246. — MERCURIALE *des denrées et productions coloniales, d'après laquelle la Douane aura à percevoir les droits de sortie pendant le mois de septembre* **1862.**

NATURE DES DENRÉES ET DES PRODUCTIONS DE L'ILE DE LA RÉUNION.	ESPÈCE des unités.	PRIX.	
Denrées coloniales.		F.	C.
Café	les 100 kil.	160	»
Cacao	id.	100	»
Épices diverses.. { Pimens.... / Ravensara. }	id.	100	»
Girofle (clous de)	id.	60	»
Girofle (griffes de)	id.	15	»
Macis	id.	225	»
Muscades	id.	100	»
Miel de toute sorte	le litre	1	75
Vanille	le kilogram.	22	»
Sucre premier type	les 100 kil.	55	»
Sucre deuxième type	id.	48	»
Sucre troisième type	id.	25	»
Pommes de terre et oignons	id.	15	»
Légumes secs	id.	25	»
Produits industriels.			
Chocolat	id.	250	»
Huile essentielle de girofle	le litre	3	»
Sacs de vacoa	les 100 sacs	20	»

Fait à Saint-Denis, le 27 août 1862.

Les Membres de la Commission présents,

Signé : BRIENNE, directeur, CARTIER, GAMIN, BERTHO, HUSSON et LHUILLIER.

Approuvé en séance du Conseil privé, le 1er septembre 1862.

Le Gouverneur,

Baron DARRICAU.

Par le Gouverneur :

Le Directeur de l'Intérieur,

CH. DE LAGRANGE.

N° 1247. — *MERCURIALE des marchandises étrangères, d'après laquelle la Douane aura à percevoir les droits d'entrée pendant le mois de septembre* 1862.

DÉSIGNATION DES MARCHANDISES.	UNITÉS.	PRIX.	DROITS par navires français.	DROITS par navires étrangers.
		f. c.		
Tortues { des Seychelles…	Le kilog.	75	exempt	10 %
Tortues { de Madagascar…	La tête	1	Id.	Id.
Gibier, volailles………	Id.	1 25	Id.	Id.
Dindons et poules d'Inde..	Id.	5	Id.	Id.
Oies…………………	Id.	4	Id.	Id.
Canards………………	Id.	2	Id.	Id.
Laine en masse pour matelas	Le kilog.	2	20 %	30 %
Nattes de jonc et d'écorce……	La pièce	3	6 %	10 %
Nattes pour parquets { en rotin….	Le m. carré	6	Id.	Id.
Nattes pour parquets { en bambou..	Id.	4	Id.	Id.
Nattes Persiennes… { en rotin….	Id.	6	6 %	Id.
Nattes Persiennes… { en bambou…	Id.	4	Id.	Id.
Nattes fines………………	La pièce	2	Id.	Id.
Nattes communes…………	Id.	1	Id.	Id.
Vannerie. — Paniers en rotin à linge………………	Id.	12	Id.	Id.
Chaudières de fonte et de potin………………			15 %	25 %
Moulins à égrener………			Id.	Id.
Pompes en bois non garnies.			Id.	Id.
Voitures à quatre roues { riches….	Id.	3500	20 %	30 %
Voitures à quatre roues { ordinaires.	Id.	2500	Id.	Id.
Cabriolets { riches………	Id.	1500	Id.	Id.
Cabriolets { ordinaires….	Id.	1000	Id.	Id.
Objets de collection……	Id.		1 %	2 %
Babarets en bois laqué, avec dessins en or, du Japon.	Id.		12 %	prohib.
Balais en crins de coco, manche bambou………	La douzaine	18	Id.	Id.
Bateaux chinois, en racine de bambou, avec sculptures représentant personnages………………	La pièce	30	Id.	Id.
Bateaux en ivoire, représentant les bateaux de plaisance des Chinois………	Id.	100	Id.	Id.
Bandèges en bambou peint.	Le jeu de 3	9	Id.	Id.
Boites à whist et jetons en ivoire sculpté…. { 1re qualité	La boite	50	Id.	Id.
Boites à whist et jetons en ivoire sculpté…. { 2e idem.	Id.	20	Id.	Id.
Boites en bois rouge, laquinées, avec sculptures (petites ou moyennes)…	Id.	15	Id.	
Boites de coquillages…..	Id.	5	Id.	
Boites à insectes, cadres en				Id.
verre, contenant toutes				Id

DÉSIGNATION DES MARCHANDISES.	UNITÉS.	PRIX.	DROITS par navires français.	par navires étrangers.
		f. c.		
sortes d'insectes.........	La boîte		12 %	prohib.
Boîtes recouvertes d'un tissu de soie, contenant peintures, pinceaux, etc.......	Id.	15	Id.	Id.
Boîtes jeux d'enfants, en carton ou bois peint, contenant petits instruments en cuivre, etc...........	Id.	12 50	Id.	Id.
Boîtes à mouchoirs, en bois laqué, dessins de personnages et de fleurs en or...	Id.	15	Id.	Id.
Boîtes à thé en bois laqué, dessins, etc. ordinaires.		10		
Boîtes à thé en bois laqué, dessins, etc. à 2 compartiments, riches...	Id.	35	Id.	Id.
Boîtes à thé en bois laqué, dessins, etc. à 4 compartiments.	Id.	50	Id.	Id.
Boîtes à ouvrage, en bois laqué, dessins en or sur or, garnis en ivoire ou en os.	Id.	60	Id.	Id.
Boîtes communes à ouvrage.	Id.	20	Id.	Id.
Boîtes à cigares, en bois laqué, dessins en or sur or, l'intérieur garni d'une boîte en plomb............	Id.	6	Id.	Id.
Boîtes à jeu, en bois laqué, dessins en or sur or......	Id.	45	Id.	Id.
Boîtes à tabac à fumer, en cuivre, avec incrustations de nacre du Japon.......	Id.	20	Id.	Id.
Boîtes à priser, en cuivre, avec incrustations de nacre du Japon...............	Id.	20	Id.	Id.
Boîtes à francs-maçons, cadres en bois avec incrustations de nacre du Japon..	Id.	60	Id.	Id.
Albums de 12 feuilles....		18	Id.	Id.
Albums de 24 feuilles....		30	Id.	Id.
Boîtes contenant 10 tasses en bois, bois laqué, servant de tasses à thé, avec incrustations de nacre du Japon..................	Id.	30	Id.	Id.
Bonnets de mandarins, toques en velours, garnis en soie, boutons de diverses couleurs................	La pièce	5	Id.	Id.
Cabarets en laque rouge...	Id.	10	Id.	Id.
Cabinets pour enfants, petites armoires à tiroirs, en				

DÉSIGNATION DES MARCHANDISES.	UNITÉS.	PRIX.	DROITS par navires français.	DROITS par navires étrangers.
		f. c.		
bois laqué, avec dessins en or...	La pièce	40	12 %	prohib.
Cages à oiseaux en rotin très fin imitant le fil de fer....	Le jeu de 4	10	Id.	Id.
Chapelets noirs faits en noix de coco du Japon........	La pièce	10	Id.	Id.
Cahiers en ivoire, peints, représentant figures et costumes chinois...........				Id. Id.
Casse-têtes, en bois de sandal, en os ou en ivoire...	Id.	5	Id.	
Cassettes incrustées de pierres de Nankin, représentant des personnages, etc....	Id.	125	Id.	Id.
Colliers en bois de sandal..	Le kilog.	20	Id.	Id.
Corbeilles à pain, en bois laqué, avec dessins en or, laque noire.	Le jeu de 3	12	Id.	Id.
Corbeilles à pain, en bois laqué, avec dessins en or, laque rouge.	Id.	25	Id.	Id.
Couverts chinois, composés du couteau, des 2 bâtons et de cure-dents en os ou en ivoire...............	La pièce	2 50	Id.	Id.
Couteaux à beurre, en ivoire ou en nacre, manche sculpté.................	Id.	7 50	Id.	Id.
Cuillers à thé, en bois laqué, avec incrustations en nacre du Japon.........	Id.	1	Id.	Id.
Cuillers à moutarde, en nacre ou en ivoire.........	Id.	2	Id.	Id.
Echiquiers en bois laqué, dessins en or sur or......	Id.	12 50	Id.	Id.
Ecrans en plumes coloriées et à manche d'ivoire......	Id.	6	Id.	Id.
Ecrans en tissus de soie, manche en ivoire sculpté.	Id.	10	Id.	Id.
Encre chinoise...........	Les 6 bât.	5	Id.	Id.
Encriers en bois laqué, avec dessins en or...........	La pièce	10	Id.	Id.
Enseignes en bois laqué, avec dessins en or......	Id.	200	Id.	Id.
Etuis en ivoire sculpté, représentant personnages. petits..	Id.	1	Id.	Id.
Etuis en ivoire sculpté, représentant personnages. grands.	Id.	5	Id.	Id.
Eventails de toutes sortes, avec dessins en or sur or. en os.....	Id.	5	Id.	Id.
Eventails de toutes sortes, avec dessins en or sur or. en plumes.	Id.	8	Id.	Id.
Eventails de toutes sortes, avec dessins en or sur or. en laque..	Id.	12	Id.	Id.
Eventails de toutes sortes, avec dessins en or sur or. en sandal.	Id.	18	Id.	Id.
Eventails de toutes sortes, avec dessins en or sur or. en ivoire..	Id	20	Id.	Id

DÉSIGNATION DES MARCHANDISES.	UNITÉS.	PRIX.	DROITS par navires français.	par navires étrangers.
Feuilles de bétel peintes et représentant fleurs, oiseaux, personnages, etc.	La boîte	f. c. 6	12 °/ₒ	prohib.
Feuilles de papier de riz peintes, représentant fleurs, oiseaux, personnages, etc.	Le c. de 12 f.	25	Id.	Id.
Fiches en ivoire et en nacre.	Le jeu	50	Id.	Id.
Fleurs en ivoire..........	La d. de pots	75	Id.	Id.
Jeux d'échecs en ivoire ou en os, simples, non montés sur boules...........	Le jeu	15	Id.	Id.
Jeux d'échecs en ivoire, montés sur boules en ivoire les unes dans les autres.	Id.	80	Id.	Id.
Jeux d'échecs en ivoire (1re grandeur), dits montres.	Id.	400	Id.	Id.
Jeux de fiches en nacre, avec dessins imprimés ou sculptés.....................	Id.	25	Id.	Id.
Jeux de bagues en os ou en ivoire..................	Id.	3	Id.	Id.
Jeux diablotins en os ou en ivoire..................	Id.	3	Id.	Id.
Joss-tick, allumettes composées de sciure de bois et colle de fiente de vache ..	Le kilog.	2 50	Id.	Id.
Joss-tick à odeur sandal, allumettes composées de sciure de bois de sandal et colle de fiente de vache..	Id.	5	Id.	Id.
Instruments de musique (espèce de guitare).........	La pièce	4	Id.	Id.
Espèce de fauteuils à tiroirs en bambou............	Id.	30	Id.	Id.
Lanternes chinoises en tissu de soie extrêmement léger, peintures diverses........ carrées.	Id.	20	Id.	Id.
Lanternes chinoises en tissu de soie extrêmement léger, peintures diverses........ rondes.	Id.	8	Id.	Id.
Malles en carton, composition carton peint et verni imitant le cuir..........	Le jeu de 5.	40	Id.	Id.
Malles de camphre, en bois de camphre, recouvertes en cuir, pour la conservation des habits et du linge..................	Id.	200	Id.	Id.
Malles de camphre, en bois de camphre, avec coins en cuivre, sans cuir........	Id.	150	Id.	Id.

DÉSIGNATION DES MARCHANDISES.	UNITÉS.	PRIX.	DROITS	
			par navires français.	par navires étrangers.
		f. c.		
Mousse du Japon..........	Le kilog.	15	12 %.	prohib.
Paniers en écaille travaillée à jour............... ..	La pièce	70	Id.	Id.
Paniers à linge, en petit rotin fendu en plusieurs parties....................	Le jeu de 3	30	Id.	Id.
Parapluies chinois en papier peint et huilé, manches bambou................	La pièce	3	Id.	Id.
Paravents, bordure en laque, fond en papier... .	Id.	60	Id.	Id.
Petits bateaux faits en noix de coco, et représentant les bateaux des Tancadaires.....	Id	5	Id.	Id.
Peignes en écaille (grands et petits)...............	Id.	5	Id.	Id.
Petits magots en pierre tendre et propres à détacher la soie......'..........	Id.	2	Id.	Id.
Petits animaux en plâtre peint..........................	Les mille	50	Id.	Id.
Petits garde-manger, l'extérieur garni de paille du Japon.................	La pièce	25	Id.	Id.
Persiennes en rotin très fin, dessins de toutes sortes..		4	Id.	Id.
Peintures sur papier de riz.	La feuille	2 50	Id.	Id.
Petits plateaux pour bouteilles, en bois laqué, dessins en or..............	La pièce	2	Id.	Id.
Pipes chinoises, tuyaux en bambou et rotin, pipes composition étain, cuivre, etc....................	Id.	2	Id.	Id.
Plateaux pour plats, en rotin tissé très fin........	Le jeu de 4 ou 5	5	Id.	Id.
Plateaux pour plats, en bois laqué avec dessins en or sur or..................	Id.	60	Id.	Id.
Porte-cartes de visites en écaille imprimée et incrustée, intérieur garni en soie....................	La pièce	10	Id.	Id.
Porte-cartes de visites en ivoire sculpté...........	Id.	10	Id.	Id.
Porte-cartes de visites en nacre plaquée et incrustée.	Id	5	Id.	Id.
Porte-cartes en laque, avec dessins en or sur or......	Id		d.	Id

DÉSIGNATION DES MARCHANDISES.	UNITÉS.	PRIX.	DROITS par navires français.	DROITS par navires étrangers.
Porte-montres en bois laqué et dessins or sur or......	Le jeu de 4 ou 5	8	12 %	prohib.
Porte-joss-tick, sorte de bateaux en bois laqué contenant allumettes, intérieur garni de plomb.........	Id.	3	Id.	Id.
Porte-éventails en carton, extérieur garni en soie brodée................	Id.	2	Id.	Id.
Porte-tabac en carton, extérieur garni en soie brodée..................	Id.	5	Id.	Id.
Porte-cigares { communs.	La pièce	3	Id.	Id.
Porte-cigares { fins.......	Id.	10	Id.	Id.
Poupées représentant des petits Japonais..........	Id.	5	Id.	Id.
Pupitres en bois laqué, dessins en or sur or.. { pour dames..	Id.	30	Id.	Id.
Pupitres en bois laqué, dessins en or sur or.. { pour hommes.	Id.	50	Id.	Id.
Pupitres en bois de racine, garniture extérieure en cuivre..................	Id.	60	Id.	Id.
Sacoches en ivoire, porte-flacons d'odeurs sculptés à jour....	Id.	20	Id.	Id.
Semainiers en ivoire, travaillés à jour et sculptés..	Id.	100	Id.	Id.
Semainiers en bois de sandal, avec incrustations riches..................	Id.	75	Id.	Id.
Semainiers en bois laqué avec incrustations riches.	Id.	12 50	Id.	Id.
Souliers chinois imitant les pieds des femmes chinoises, faits en plâtre et recouverts de soie.........	La paire	5	Id.	Id.
Tables en bambou........	Le jeu de 6	10	Id.	Id.
Tabatières en écaille, avec incrustations représentant personnages............	La pièce	30	Id.	Id.
Tables-guéridons en bois laqué, dessins or sur or. Les tables entrent les unes dans les autres..........	Le jeu de 4	50	Id.	Id.
Tables à échiquier, avec dessins or très riches, garnies de nacre, pour les jetons..	La pièce	225	Id.	Id.
Tables à thé, en bois laqué, dessins en or sur or......	Id.	60	Id.	Id.

DÉSIGNATION DES MARCHANDISES.		UNITÉS.	PRIX.	DROITS par navires français.	DROITS par navires étrangers.
			f. c.		
Tables à ouvrage, en bois laqué, dessins or sur or.....	1re qualité.	La pièce	175	12 °/。	prohib.
	2e idem..	Id.	100	Id.	Id.
Tableaux, intérieurs chinois, peintures sur toile représentant personnages, etc....................		Id.	20	Id.	Id.
Tableaux, vues de Canton, Macao, Boca, Tigris, etc., peintures sur toile.......		Id.	20	Id.	Id.
Tableaux, paysages chinois.		Id.	20	Id.	Id.
Tableaux sur verre, encadrement en bois sculpté..		Id.	10	Id.	Id.
Tableaux en paille de couleur, cadres en bois laqué du Japon...............		Id.	125	Id.	Id.
Vide-poches en écaille ou ivoire, sculptés à jour....		La paire	30	Id.	Id.
Toiles et percales blanches et écrues....	Conjons Nos 14	La pièce de 31 à 33 mètres et au-dessous.	22	20 °/。	Id.
	Conjons 16		22	Id.	Id.
	Conjons 18 et 19		22	Id.	Id.
	Conjons 23		30	Id.	Id.
	Conjons 26		30	Id.	Id.
	Conjons 30		40	Id.	Id.
	Conjons 36		50	Id.	Id.
	Écrues.....	La p. de 15 à 16 m.	7	Id.	Id.
Filature blanche et écrue..		Id.	6	Id.	Id.
Salem-poor..............		Id.	7	Id.	Id.
Percale bleue, dite *sandercana*..................		La p. de 8m et au-dessous.	4 50	Id.	Id.
Percale bleue ordinaire....				Id.	Id.
Toiles à carreaux..........		La p. de 15 à 16 m.	5	Id.	Id.
Mouchoirs dits *burgos*.....		La p. de 8 m.	2	Id.	Id.
Pantalons et chemises de toile grossière, servant au vêtement des travailleurs.		La pièce	1 50	Id.	Id.
Toiles à voiles, de coton...		Le mètre	0 70	Id.	Id.
Guinées ou toiles bleues	Filature.....	La p. de 15 à 16 m.	12 50	12 °/。	Id.
	Salem.......	Id.	8	Id.	Id.
	Oréarpoléon.	Id.	8	Id.	Id.
	Conjons.....	Id.	10	11	Id.
Meubles..	Fauteuils à dossier renversé, de Pondichéry.	La pièce	20	10 °/。	Id.
	Fauteuils droits	Id.	15	Id.	Id.
	Chaises.......	Id.	6	Id.	Id.

DÉSIGNATION DES MARCHANDISES.		UNITÉS.	PRIX.	DROITS par navires français.	DROITS par navires étrangers.
			f. c.		
Tabourets		La pièce	4	10 °/o	prohib.
Jouets d'enfants		Id.		Id.	Id.
Pantoufles de Pondichéry		La paire	40	12 °/o	Id.
Peaux	de cabri de Pondichéry	Les 100	75	6 °/o	
	de mouton de Pondichéry	Id.	45	Id.	

Fait à Saint-Denis, le 27 août 1862.

Les Membres de la Commission présents,

Signé : Brienne, directeur, Cartier, Gamin, Bertho, Husson et Lhuillier.

Approuvé en séance du Conseil privé, le 1er septembre 1862.

Le Gouverneur,
Baron DARRICAU.

Par le Gouverneur :

Le Directeur de l'Intérieur,
Ch. de Lagrange.

N° 1248. — NOMINATIONS, PROMOTIONS, MUTATIONS ET MOUVEMENTS DIVERS.

Gouvernement de la Colonie.

— Par arrêté du Gouverneur, en date du 27 septembre 1862 :

M. Lory (Thomy), conseiller privé suppléant, est nommé conseiller privé titulaire, en remplacement de M. Sauger, décédé ;

M. Toussaint de Quièvrecourt, avocat à Saint-Denis, est nommé conseiller privé suppléant.

Évêché.

— Par dépêche ministérielle du 6 février 1862, il est donné avis que MM. Delmas et Paillard, prêtres, sont attachés au clergé de la Réunion.

— Par décision de Mgr l'Evêque de Saint-Denis, en date du 14 avril 1862, il a été accordé, au petit séminaire, aux élèves dont les noms suivent,

Une bourse entière :

Bénard (Jean-Baptiste),
Lebel (Alfred).

Une demi-bourse :

Campenon (Jules),
Calvert (Frédéric),
Vital (Noël),
Ganné.

Administration Militaire.

— Par dépêche ministérielle du 28 février 1862, avis est donné de la nomination du garde du Génie Malard à la 1re classe de son grade.

— Par dépêche ministérielle du 28 mars 1862, avis est donné du remplacement du garde du Génie Cosse par le garde Fortin.

— Par dépêche ministérielle du 14 avril 1862, avis est donné de la destination pour la Réunion de M. le lieutenant du Génie Paté.

— Par arrêté du Gouverneur, en date du 8 avril 1862, un congé de convalescence a été accordé à M. Malard, garde du Génie.

— Par dépêche ministérielle du 1er août 1862, le congé de convalescence accordé à M. Malard, garde du Génie, a été approuvé.

— Par décret impérial du 14 août 1862, ont été nommés dans la Légion-d'Honneur,

Au grade d'officier:

M. Lesseline, lieutenant-colonel d'infanterie de Marine;

Chevalier:

M. Bajon, sergent-major de la compagnie indigène d'ouvriers du Génie;

Médaillés militaires:

MM. Chicanneau, maréchal des logis chef de gendarmerie,
Dumont, fourrier à la compagnie disciplinaire,
Moine, maître-ouvrier à la compagnie indigène d'ouvriers du Génie.

— Par arrêté du Gouverneur, en date du 17 septembre, ont été nommés, sauf approbation de l'Empereur, dans la milice de Saint-Paul:

Au grade de Capitaine Adjudant-Major:

MM. De Lanux (Pierre), capitaine.

Au grade de Capitaine:

Henry (Crescence), lieutenant.
Rétout (François), idem.

Au grade de Sous-Lieutenant.

Laperrière (Charles), sergent-major.
Fontaine (Louis), idem.
Biberon (Amédée), sergent fourrier.

— Par arrêté du Gouverneur, en date du 27 septembre 1862.

M. Vessiot, capitaine d'infanterie de Marine, a été nommé au commandement de la place, en remplacement de M. Vailly, parti pour France.

— Par arrêté du Gouverneur, en date du 29 septembre 1862,

La démission offerte par M. Aug. Ringwald de son grade de sous-lieutenant de la milice de Saint-Denis est acceptée; à partir de ce jour il sera incorporé comme milicien dans la compagnie de sa circonscription.

Administration de la Marine.

— Par décret impérial du 11 août 1862, M. Villette, chirurgien principal de la Marine à la Réunion, a été nommé au grade de second médecin en chef au Sénégal.

— Par décret impérial du 11 août 1862, notifié par dépêche ministérielle du 25 août de la même année, M. Arnaud (François-Auguste-Dariste), chirurgien de 1re classe de la Marine à la Réunion, a été promu au grade de chirurgien principal, à l'ancienneté.

— Par décret impérial du 12 août 1862, notifié par dépêche ministérielle du 26 du même mois, M. Graton, commissaire-adjoint de la Marine, a été nommé chevalier de l'orde impérial de la Légion-d'Honneur.

— Par dépêche ministérielle du 18 août 1862, le congé de convalescence accordé à M. Rolland, sous-commissaire de la Marine à la Réunion, à passer dans cette colonie, est approuvé pour trois mois, avec solde sur le pied d'Europe.

— Par ordre de service de l'Ordonnateur, en date du 9 septembre 1862, approuvé par le Gouverneur, M. Décugis (Michel-Victor-Marius), commis entretenu de la Marine, est mis à la disposition du capitaine de l'aviso à vapeur le *Curieux*, pour remplir à bord de ce bâtiment, les fonctions d'officier d'administration.

— Par décision de l'Ordonnateur, en date du 10 septembre 1862, approuvée par M. le Gouverneur, le sieur Pierre Nativel est nommé syndic de pêche à Saint-Louis, en remplacement du sieur Coulon, démissionnaire.

— Par ordre de service de l'Ordonnateur, en date du 22 septembre 1862, M. Lartigue (Ovide), chirurgien de la Marine de 3e classe, provenant de Sainte-Marie de Madagascar, est mis à la disposition du chef du service de santé pour continuer ses services à l'hôpital militaire de St-Denis.

— Par ordre de service de l'Ordonnateur, en date du 29 septembre 1862, rendus sur la proposition du chef du service de santé,

M. Goulier (Pierre-Julien), chirurgien de la Marine de 2e classe, est destiné à continuer ses services à Sainte-Marie de Madagascar, par permutation avec M. Mac-Auliffe (Jean-Marie), officier de santé de même grade, appelé par le roulement à suivre cette destination;

M. Mac-Auliffe, conservé à la Réunion par permutation avec M. Goulier, est désigné pour occuper le poste de prévôt à l'hôpital militaire de Saint-Denis;

M. Thoraval (Hippolyte-Joseph-Louis-Désiré), chirurgien de la Marine de 2e classe, est appelé à remplacer, à l'hôpital militaire de Saint-Paul, M. Mac-Auliffe, destiné à celui de Saint-Denis.

M. Lataud (Charles-Eugène-Olivier), chirurgien de la Marine de 2e classe, appelé par son tour de service à remplacer M. Cassien (Paul-Guillaume), officier de santé du même grade, à l'hôpital thermal de Salazie, conserve le service de la rade dont il est chargé, par permutation avec M. Cassien qui conserve son poste à Salazie.

Administration de l'Intérieur.

— Par dépêche ministérielle du 30 décembre 1861, n° 501, avis est donné de la destination de MM. Perrot et Salvan, comme commis des douanes, attachés au service de la Réunion en remplacement de MM. Blanc et de Roissard de Bellet, employés du même grade.

— Par dépêche ministérielle du 4 avril 1862, n° 47, avis est donné de l'envoi à la Réunion de six sœurs institutrices de Saint-Joseph.

— Par dépêche ministérielle du 26 avril 1862, avis est donné de l'envoi à la Réunion de huit maîtres répétiteurs pour le Lycée impérial.

— Par arrêté du Gouverneur, en date du 29

avril 1862, M. Mauriès, maître répétiteur au Lycée, a été révoqué de ses fonctions.

— Par décision du Directeur de l'intérieur, en date du 1er septembre 1862,

Les démissions de MM. Cabossel, maître répétiteur provisoire au petit collége, et Buisson, commis à l'économat, sont acceptées, à compter du 31 août 1862.

MM. Henri (François-Marie), et Gustave (Auguste), sont nommés, à compter du 1er septembre 1862, le premier, maître répétiteur provisoire au petit collége, et le second, commis à l'économat.

— Par arrêté du Gouverneur, en date du 15 septembre 1862, la démission offerte par M. Cazeau (Théodore) de son emploi de préposé-surveillant de distillerie, est acceptée.

— Par décision du Directeur de l'intérieur, en date du 20 septembre 1862,

La démission offerte par M. Lépervanche (René), de son emploi d'écrivain temporaire à la direction de l'intérieur, est acceptée à compter du 31 août 1862.

— Par arrêté du Gouverneur, en date du 25 septembre 1862, MM. Denis Payet et Merlo, conducteurs des Ponts-et-Chaussées, sont nommés délégués du Génie militaire, le premier à Saint-Paul et le second à Saint-Pierre.

Administration de la Justice.

— Par dépêche du 25 août 1862, n° 403, Son Exc. le Ministre de la Marine et des colonies annonce que M. Dilhan, conseiller à la Cour impériale de la Réunion, a été admis à faire valoir ses droits à la retraite.

— Par arrêté du Gouverneur, en date du 1er septembre 1862, enregistré à la Cour le 12 du même mois, le sieur Derbès (Louis), ancien huissier à Saint-André, est nommé huissier près la Justice de Paix de Saint-Leu.

CERTIFIÉ CONFORME :

Le Contrôleur colonial,

DESROBERT.

www.ingramcontent.com/pod-product-compliance
Ingram Content Group UK Ltd.
Pitfield, Milton Keynes, MK11 3LW, UK
UKHW021530260726
13993UKWH00004B/1905